RÉPUBLIQUE FRANÇAISE

MINISTÈRE DE LA GUERRE

DECRET

DU 28 SEPTEMBRE 1889

RELATIF AUX

ENGAGEMENTS VOLONTAIRES

ET AUX

RENGAGEMENTS.

LILLE,
IMPRIMERIE L. DANEL.

1889.

DÉCRET

DU 28 SEPTEMBRE 1889

RELATIF AUX

ENGAGEMENTS VOLONTAIRES

ET AUX

RENGAGEMENTS.

Paris, le 28 septembre 1889.

LE PRÉSIDENT DE LA RÉPUBLIQUE FRANÇAISE,

Vu la loi du 15 juillet 1889 ;

Vu l'article 28, relatif aux engagements des jeunes gens reçus à l'Ecole polytechnique, à l'Ecole forestière ou à l'Ecole centrale des arts et manufactures ;

Vu l'article 29, relatif à l'engagement des élèves du service de santé militaire et des élèves militaires des écoles vétérinaires ;

Vu les articles 59, 61, 62, 63, 64 et 66, relatifs aux engagements volontaires et aux rengagements ;

Sur le rapport du Ministre de la guerre,

DÉCRÈTE :

TITRE Iᵉʳ.

DES ENGAGEMENTS VOLONTAIRES.

Art. 1ᵉʳ. La durée de l'engagement volontaire est de trois, quatre ou cinq ans.

Le temps de service de l'engagé compte du jour où il a signé son acte d'engagement.

Art. 2. Tout homme qui demande à contracter un engagement volontaire pour servir dans l'armée de terre doit, indépendamment des conditions exigées par l'article 59 de la loi du 15 juillet 1889 , réunir les conditions suivantes :

1° Etre sain , robuste et bien constitué ;

2° Ne pas être âgé de plus de 32 ans accomplis ;

3° Satisfaire, selon le corps où il veut servir, aux conditions de taille et d'aptitude fixées dans le tableau joint au présent décret ;

4° N'être lié au service de terre ou de mer, ni dans l'armée active , ni dans la réserve de ladite armée , ni dans l'armée territoriale , ni comme inscrit maritime.

Art. 3. Les engagements ne peuvent être reçus que pour les corps de troupe d'infanterie , de cavalerie , d'artillerie et du génie.

Une décision ministérielle fixe annuellement le nombre maximum des engagés que peut recevoir chacun des corps de troupe de ces armes.

Les engagements ne sont admis que pendant les deux périodes ci-après :

1° Du 1er au 31 mars ;

2° Du 1er octobre au 31 décembre.

Toutefois, en ce qui concerne les compagnies d'ouvriers d'artillerie et les compagnies d'artificiers , les admissions s'effectuent à toute époque de l'année , au fur et à mesure des vacances , en vertu d'autorisations ministérielles spéciales.

Art. 4. L'engagé indique le corps dans lequel il désire servir.

Si ce corps tient garnison dans la subdivision où il réside , l'engagé doit justifier de l'acceptation du chef de corps , approuvée par le général commandant le corps d'armée.

L'engagé peut toujours être changé de corps et d'arme lorsque l'intérêt où les besoins du service l'exigent.

Art. 5. Le jeune homme qui demande à s'engager se présente devant un commandant de bureau de recrutement.

Cet officier supérieur, après s'être assuré, avec l'assistance d'un médecin militaire , où, à défaut, d'un docteur en médecine désigné par l'autorité militaire , que le jeune homme n'a aucune infirmité ni maladie apparente ou cachée, qu'il est d'une constitution saine et robuste, qu'il a la taille et qu'il réunit les conditions exigées pour servir daus le corps où il désire entrer, lui délivre un certificat d'aptitude.

Le chef du corps où désire entrer l'engagé peut également délivrer ce certificat après visite de l'un des médecins sous ses ordres.

Art. 6. Muni du certificat d'aptitude que lui a délivré l'autorité militaire, le contractant se présente, en France, devant le maire d'un chef-lieu de canton.

En Algérie, devant le maire de l'une des villes ci-après :

Alger, Aumale, Blidah, Bouffarick, Bordj-Ménaïel, Cherchell, Dellys, Douéra, Coléah, Marengo, Médéah, Milianah, Orléansville, Ténès, Tizi-Ouzou ;

Aïn-Témouchent, Arzew, Saint-Cloud, Saint-Denis-du-Sig, Mascara, Mostaganem, Nemours, Oran, Relizane, Sidi-bel-Abbès, Tlemcen ;

Aïn-Beïda, Batna, Bône, Bougie, Constantine, Djidjelli, Guelma, Jemmapes, La Calle, Philippeville, Sétif, Souk-Ahras.

Aux colonies, devant les fonctionnaires qui seront désignés pour recevoir les engagements au titre de la marine et des troupes coloniales.

Il justifie de son âge par pièces authentiques, et produit, avec un extrait de son casier judiciaire, le certificat de bonnes vie et mœurs prescrit par l'article 59 de la loi du 15 juillet 1889, ainsi que le consentement de son père, de sa mère ou de son tuteur, s'il y a lieu.

Si le casier judiciaire relate une condamnation, soit pour vol, escroquerie, abus de confiance ou attentat aux mœurs, soit une condamnation à l'une des peines préfiues par l'article 5 de la loi, l'engagement n'est reçu que pour un bataillon d'infanterie légère d'Afrique.

Art. 7. Le maire constate l'identité du contractant, et lui fait déclarer devant les deux témoins exigés par l'article 37 du Code civil :

1⁰ Qu'il n'est ni marié, ni veuf avec enfant ;

2⁰ Qu'il n'est lié au service de terre ou de mer ni dans l'armée active, ni dans la réserve de ladite armée, ni dans l'armée territoriale, ni comme inscrit maritime.

Ladite déclaration est insérée dans l'acte d'engagement.

Art. 8. Si le contractant désire bénéficier de la disposition contenue dans l'avant-dernier alinéa de l'article 59 de la loi, il doit en faire la demande par écrit, et produire, à l'appui de sa demande, les justifications que le réglement d'administration publique . prévu par l'article 23 de ladite loi , exige des jeunes gens réclamant , devant le conseil de révision , l'envoi en congé après une année de service.

Mention de cette demande et des justifications produites est faite dans l'acte.

Art. 9. Si l'engagé a été déclaré impropre au service ou classé dans les services auxiliaires par le conseil de révision , ou si , ayant déjà servi , il a été réformé, il justifie de sa position par pièces authentiques.

S'il a appartenu à l'inscription maritime , il doit présenter un acte de déclassement signé par le commissaire de l'inscription maritime de son quartier.

Art. 10. La faculté de s'engager cesse, pour les jeunes gens de la classe , à partir du jour où le conseil de révision examine le canton auquel ils appartiennent.

Art. 11. L'acte d'engagement volontaire est conforme au modèle joint au présent décret.

Art. 12. Avant la signature de l'acte, le maire donne lecture à l'engagé :

1° Des paragraphes numérotés : 1°, 2°, 3°, 4°, 5° et 6° du deuxième alinéa de l'article 59 de la loi du 15 juillet 1889 ;

2° Des articles 4 , 14 et 15 du présent décret ;

3° De l'acte d'engagement.

Les certificats et les autres pièces produites par l'engagé restent annexés à la minute de l'acte.

Art. 13. Tout engagé volontaire reçoit, immédiatement après la signature de son acte d'engagement, une expédition de cet acte et un ordre de route.

Art. 14. L'engagé se rend directement au corps.

Il est tenu de s'y présenter dans les délais fixés par son ordre de route.

Art. 15. Si , un mois , en temps de paix , et deux jours , en temps de guerre , après le jour où l'engagé volontaire devait arriver au corps , il n'y a point paru , il est , à moins de motifs légitimes, poursuivi comme insoumis conformément aux dispositions de l'article 73 de la loi, et puni d'un emprisonnement d'un mois à un an en temps de paix , et de deux à cinq ans , en temps de guerre. Dans ce dernier cas , à l'expiration de sa peine , il est envoyé dans une compagnie de discipline.

Art. 16. L'engagé volontaire qui conteste la légalité ou la

régularité de l'acte qui le lie au service militaire adresse sa réclamation au préfet du département où l'acte a été reçu. Les préfets transmettent les demandes en annulation d'acte d'engagement volontaire au Ministre de la guerre, qui statue, s'il y a lieu, ou renvoie la contestation devant les tribunaux.

Art. 17. L'engagé volontaire réformé pour des motifs autres que pour *blessures reçues dans un service commandé* ou pour *infirmités contractées dans les armées de terre ou de mer*, peut être ultérieurement compris dans le contingent, par le conseil de révision, si les motifs de la réforme ont cessé d'exister.

Dans ce cas, il lui est tenu compte, sur la durée de son service légal, du temps qu'il a précédemment passé sous les drapeaux.

Art. 18. Tout Français qui, en cas de guerre, demande à contracter un engagement pour la durée de la guerre, doit justifier :

1° Qu'il n'est pas tenu à l'obligation du service dans l'armée active, dans la réserve de ladite armée et dans l'armée territoriale ou dans les classes de la réserve de l'armée territoriale rappelées à l'activité ;

2° Qu'il est sain, robuste et en état de faire campagne ;

3° Qu'il ne se trouve pas dans l'un des cas d'exclusion de l'armée prévus par l'article 4 de la loi du 15 juillet 1889.

L'acte d'engagement pour la durée de la guerre est conforme au modèle annexé au présent décret.

TITRE II.

DES ENGAGEMENTS SPÉCIAUX PRÉVUS AUX ARTICLES 28
ET 29 DE LA LOI.

Art. 19. Les jeunes gens reçus à l'École polytechnique, à l'École forestière ou à l'École centrale des arts et manufactures, sont tenus de contracter un engagement dont la durée est de trois ans pour les deux premières, et de quatre ans pour la dernière.

Ces engagements courent du 1ᵉʳ octobre de l'année de l'entrée à l'École.

Si, pendant la durée des études, un élève est admis à redoubler une année à l'École, cette année ne compte pas dans la durée de l'engagement.

Art. 20. Ces engagements sont contractés au moment de l'admission à l'École :

Devant le maire de l'un des arrondissements de Paris, par

les élèves de l'Ecole polytechnique et de l'Ecole centrale des arts et manufactures ;

Devant le maire de Nancy, par les élèves de l'Ecole forestière.

Le contractant n'est assujetti à aucune condition d'âge autre que celles qui sont exigées pour l'admission à l'Ecole. Il en justifie par la production du certificat d'admission (modèle ci-annexé).

Il produit, en outre :

1° L'extrait de son casier judiciaire ;

2° Le certificat d'aptitude visé à l'article 5 du présent décret.

Ce certificat est délivré :

Pour l'Ecole polytechnique, par le général commandant l'Ecole ;

Pour l'Ecole forestière, par le commandant du bureau de recrutement de la subdivision de Nancy ;

Pour l'Ecole centrale des arts et manufactures, par le commandant du bureau de recrutement de la Seine.

Art. 21. Les engagements sont souscrits pour l'une des armes de l'infanterie, de l'artillerie ou du génie.

L'autorité militaire désigne, au moment de la mise en route, le corps sur lequel sont dirigés les élèves de l'Ecole centrale des arts et manufactures ; et, le cas échéant, les élèves des Ecoles polytechnique ou forestière qui ne peuvent satisfaire auxdits examens, ou qui seraient renvoyés pour inconduite.

Art. 22. Les jeunes gens nommés élèves de l'école du service de santé militaire, et les élèves militaires des écoles vétérinaires, souscrivent un engagement d'une durée de trois ans et s'obligent à servir pendant six années dans l'armée active, à partir de leur nomination au grade de médecin-aide-major de 2ᵉ classe ou d'aide-vétérinaire.

Art. 23. L'engagement des élèves de l'Ecole du service de santé militaire est souscrit à la mairie de l'un des arrondissements de Lyon ; celui des élèves militaires et écoles vétérinaires est reçu : pour les élèves d'Alfort, à Paris ; pour les élèves de Lyon et de Toulouse, aux mairies de ces villes.

Le contractant n'est assujetti à aucune condition d'âge autre que celles qui sont exigées pour l'admission à l'Ecole. Il en justifie par la production du certificat d'admission (modèle ci-annexé).

Il produit, en outre :

1° L'extrait de son casier judiciaire ;

2° Le certificat d'aptitude visé à l'article 5 du présent décret.

Ce certificat est délivré par le commandant du bureau de recrutement de la subdivision dans laquelle est contracté l'engagement.

Art. 24. Les engagements sont souscrits pour l'une des armes de l'infanterie, de la cavalerie, de l'artillerie ou du génie.

L'autorité militaire désigne, au moment de la mise en route, le corps sur lequel les engagés sont dirigés :

1° S'ils n'obtiennent pas le grade de médecin aide-major de 2° classet ou d'aide-vétérinaire ;

2° Si, une fois en possession de ce grade, ils ne servent pas dans l'armée active pendant six ans au moins.

Dans l'un et l'autre cas, la durée de l'engagement de trois ans souscrit à l'entrée de l'Ecole ne court que du jour de l'incorporation.

TITRE III.

DES RENGAGEMENTS.

Art. 25. Les rengagements sont contractés, pour deux, trois ou cinq ans, par les soldats décorés ou médaillés ou inscrits sur les listes d'aptitude pour le grade de caporal ou brigadier, ainsi que par les caporaux ou brigadiers des corps de toutes armes ou services.

Dans l'arme de la cavalerie, tout brigadier ou soldat peut se rengager pour une année.

Art. 26. Le militaire qui se présente pour se rengager doit justifier :

1° Qu'il réunit les qualités requises pour faire un bon service dans le corps où il veut servir ;

2° Qu'il a toujours tenu une bonne conduite ;

3° Que le chef du corps dans lequel il veut servir consent à le recevoir ;

4° Qu'il est dans sa dernière année de service sous les drapeaux ;

5° Que son rengagement ne doit pas entraîner son maintien dans l'armée active au-delà d'une durée totale de quinze ans de service effectif.

Art. 27. Une fois passés dans la réserve et jusqu'à l'âge de 28 ans, les militaires ne peuvent plus se rengager que pour l'armée coloniale , dans les conditions qui seront déterminées par un décret spécial.

Art. 28. Les rengagements sont reçus par les fonctionnaires de l'intendance militaire pour le corps désigné par le rengagé et dans les formes prescrites par l'article 62 de la loi.

L'acte de rengagement est conforme au modèle annexé au présent décret.

Art. 29. La durée des rengagements compte du jour de l'expiration légale du service dans l'armée active auquel les militaires étaient précédemment liés.

Le temps de service que le rengagé doit accomplir dans la réserve de l'armée active ou dans l'armée territoriale se confond avec la durée du rengagement.

Disposition transitoire.

Art. 30. Jusqu'à leur passage dans la réserve de l'armée active, les jeunes gens inscrits sur les contrôles de la disponibilité et ceux qui doivent y être inscrits après avoir accompli le temps de service prescrit soit par les articles 40 et 41 , soit par l'article 56 de la loi du 27 juillet 1872, pourront être admis à accomplir sous les drapeaux le temps de service qu'ils devaient passer dans la disponibilité.

Ils souscriront à cet effet, devant un fonctionnaire de l'intendance militaire, l'engagement spécial dont la forme et les conditions sont déterminées par le décret du 30 novembre 1872 et l'instruction ministérielle du même jour.

Art. 31. Le Ministre de la guerre est chargé de l'exécution du présent décret qui sera inséré au *Bulletin des Lois*.

Fait à Paris , le 28 septembre 1889.

Signé : CARNOT.

Par le Président de la République :

Le Ministre de la Guerre ,

Signé : C. DE FREYCINET.

MODÈLES.

TABLEAU annexé au décret du 28 septembre 1889, indiquant la taille et les conditions spéciales d'aptitude à exiger des engagés volontaires pour les différentes armes.

DÉSIGNATION DES CORPS.	TAILLE EXIGÉE (A).		CONDITIONS SPÉCIALES.	OBSERVATIONS.
	MINIMUM.	MAXIMUM.		
	m. c.	m. c.		
INFANTERIE.				(1) Le consentement du chef de corps doit être produit pour l'admission dans les sapeurs-pompiers.
Régiments d'infanterie..........	1 54	»		
Bataillons de chasseurs à pied et régiments de zouaves.........	1 54	»		(2) Les engagés pour les régiments de tirailleurs algériens et de spahis ne doivent être acceptés que sur le vu du consentement du chef de corps, et après avoir justifié d'aptitudes spéciales pour acquérir des grades, ou être employés comme ouvriers.
Régiments de sapeurs-pompiers de la ville de Paris (1)...........	1 64	»		
Régiments de tirailleurs algériens (2)........................	1 54	»		
Bataillon d'infanterie légère d'Afrique...	1 54	»		
CAVALERIE.				(3) Aucun illettré ne doit être admis dans un régiment de cavalerie légère ou dans les dragons.
Régiments de cuirassiers........	1 70	1 85	Nul ne doit être admis, à moins d'un consentement spécial du colonel, à s'engager dans la cavalerie, s'il n'a déjà l'habitude du cheval, ou s'il n'exerce une des professions de sellier, bourrelier, armurier, tailleur d'habits, bottier, cordonnier ou maréchal ferrant.	
— de dragons (3)........	1 64	1 74		(4) L'autorisation pour s'engager dans les compagnies d'ouvriers d'artillerie et dans les compagnies d'artificiers n'est accordée que par le Mi-
— de chasseurs (3)......	1 59	1 68		
— de hussards (3)	1 59	1 68		
— de chasseurs d'Afrique.	1 59	1 72		
— de spahis (2)..........	1 59	1 72		

DÉSIGNATION DES CORPS.	MINIMUM.	MAXIMUM.	CONDITIONS SPÉCIALES.	OBSERVATIONS.
ARTILLERIE.				...nistre (bureau du personnel de l'artillerie), sur la production d'une demande accompagnée d'un certificat d'aptitude professionnelle délivré par le commandant d'une de ces compagnies.
Régiments d'artillerie...........	1 60	»		
Bataillons d'artillerie de forteresse	1 66	»	Être batelier, marinier, marin, pêcheur, flotteur, calfat ou habitué à manier la rame, charpentier de bateau, charpentier, menuisier, charron, scieur de long, forgeron, serrurier, ajusteur, mécanicien, tonnelier, cordier, peintre, chaudronnier, tôlier, ferblantier, cloutier, tourneur, tailleur d'habits, cordonnier, armurier, chauffeur, sellier, bourrelier ou maréchal ferrant.	
Régiments de pontonniers.......	1 64	»		
Compagnies d'ouvriers d'artillerie (4)	1 54	»	Être ajusteur, bourrelier, charpentier, charron, chaudronnier, cordonnier, dessinateur, électricien, ferblantier, forgeur, lithographe, mécanicien, menuisier, modeleur, mouleur, peintre, serrurier, tailleur d'habits, tourneur sur bois ou sur métaux, tonnelier.	
Compagnie d'artificiers (4)........	1 54	»		
GÉNIE.			Être dessinateur, ouvrier en fer ou en bois, tailleur de pierres, maçon, mécanicien, mouleur, ajusteur, chauffeur, poseur de rails, conducteur de chevaux et voitures, batelier, terrassier, mineur, carrier, cordier, vannier, chaudronnier, ferblantier, ouvrier d'instruments de précision ou ouvrier électricien.	
Régiments du génie..............	1 66	»		

(A) Les hommes exerçant les professions de maréchal ferrant, sellier ou bourrelier, armurier, tailleur, bottier ou cordonnier, pourront être reçus à la taille de :

1^m,68 pour les régiments de cuirassiers ; 1^m,62 pour les régiments de dragons ; 1^m,60 pour les bataillons d'artillerie de forteresse ; 1^m56 pour les régiments de chasseurs, de hussards et de chasseurs d'Afrique

Les armuriers, les tailleurs, les bottiers et les cordonniers pourront être reçus à la taille de 1^m,62 dans les régiments du génie et à 1^m,60 dans les régiments de pontonniers.

Les maréchaux ferrants, les selliers et les bourreliers pourront être acceptés à la taille de 1^m,54 dans les régiments d'artillerie, de pontonniers et du génie.

Enfin, dans les régiments du génie, les mécaniciens, chauffeurs, ajusteurs, monteurs, ouvriers de précision et ouvriers électriciens seront reçus à 1^m,62 et les musiciens à 1^m,54.

Modèle n° 2.

Art. 11 du décret
du 28 septembre 1889.

ACTE D'ENGAGEMENT.

<table>
<tr><td>(1) Maire ou adjoint.</td><td>L'an   . le   , à   heures s'est présenté devant nous (1)   de la commune d   , chef-lieu de canton   , département d</td></tr>
</table>

(1) Maire ou adjoint.

L'an   . le   , à   heures s'est
présenté devant nous (1)   de la commune
d   , chef-lieu de canton
          , département d

(2) Nom et prénoms.

Le sieur (2)   , âgé de
          , exerçant la profession de (A)
domicilié à   , canton d   , département d   , résidant à   ,
canton d   , département d   ,
fils d   et d   , domiciliés
à   , canton d   , département
d   , cheveux   , sourcils   ,
front   , yeux   , nez   , bouche
, menton   , visage   (3)
, taille d'un mètre   centimètres.

(A) Si l'engagé a déjà servi on indiquera à la suite de sa profession en quelle qualité et dans quel corps.

(3) Indiquer ici les marques particulières.

(4) Nom et prénoms du premier témoin.

Lequel, assisté du sieur (4)   , âgé
de   , exerçant la profession d   , domicilié
à   , canton d   , département
d   , et du sieur (5)   , âgé
de   , exerçant la profession d   , domicilié à   , canton d   , département
d   , appelés l'un et l'autre comme
témoins conformément à la loi ;

(5) Nom et prénoms du deuxième témoin.

(6) Indiquer le corps choisi par l'engagé.

A déclaré vouloir s'engager pour servir dans l (6)
          ; à cet effet, il a fait la décla-
ration :

1° Qu'il n'est ni marié, ni veuf avec enfant ;

2° Qu'il n'est lié au service ni dans l'armée active,
ni dans la réserve de ladite armée, ni dans l'armée
territoriale, ni comme inscrit maritime.

Ledit sieur (2)   nous a présenté :

**

(7) Nom, grade et qualité de l'officier signataire du certificat.

(8) Désignation du corps; ce corps est indiqué par l'officier qui délivre le certificat d'après l'aptitude de l'engagé.

(B) Si ce n'est pas un acte de naissance que l'engagé produit, on énoncera le titre qu'il présentera, conformément à l'article 46 du Code civil.

(9) Indication en toutes lettres du jour, du mois et de l'année de la naissance.

(10) Indiquer la commune.

(c) Si l'engagement est reçu pour les bataillons d'infanterie légère c'Afrique, le certificat se borne à constater que le sieur.... ne se trouve pas dans l'un des cas d'exclusion de l'armée prévus par l'article 4 de la loi.

(D) Si l'engagé à moins de 20 ans, on indiquera sous ce numéro le consentement qu'il est tenu de produire conformément à la loi.

(E) On indiquera sous ce numéro les autres pièces que l'engagé devra produire dans les cas spécifiés soit à l'article 8, soit à l'article 9 du décret.

(11) Inscrire suivant le cas la mention : *trois, quatre ou cinq ans*.

(F) Si l'engagé ou les témoins ne peuvent signer, il sera fait mention de la cause qui les en empêchera conformément à l'article 39 du Code civil.

1° Un certificat délivré sous la date du   , par (7)   , et constatant que ledit sieur (2)   , n'est atteint d'aucune infirmité : qu'il a la taille et les autres qualités requises pour le (8)   , dans lequel il demande à entrer ;

2° Son acte de naissance (B)   , constatant qu'il est né le (9) à   , canton d   , département d   ;

3° L'extrait de son casier judiciaire ;

4° Un certificat de bonnes vie et mœurs délivré sous la date du   , par le maire d (10)   , conformément à l'article 59 de la loi du 15 juillet 1889 et constatant (c)

Que le sieur (2)   , jouit de ses droits civils ;

Qu'il n'a jamais été condamné pour vol, escroquerie, abus de confiance ou attentat aux mœurs, et qu'il n'a subi aucune des peines prévues par l'article 5 de ladite loi ;

5° (D)

6° (E)

Nous, maire d   , après avoir reconnu la régularité des pièces produites par le sieur (2)   lui avons donné lecture ;

1° Des paragraphes numérotés 1°, 2°, 3°, 4°, 5e et 6° du 2e aliéna de l'article 59 de la loi du 15 juillet 1889 ;

2° Des articles 14 et 15 du décret du 28 septembre 1889, lesquels ordonnent de poursuivre comme insoumis les engagés volontaires qui ne se rendent pas à leur destination dans les délais prescrits ;

3° De l'article 4 du même décret, d'après lequel les engagés volontaires peuvent toujours être changés de corps et d'arme lorsque l'intérêt et les besoins du service l'exigent.

Après quoi nous avons reçu l'engagement du sieur (2)   , lequel a promis de servir avec fidélité et honneur pendant (11)   ans à partir de ce jour.

Lecture faite audit sieur (2)   et aux deux témoins ci-dessus dénommés du présent acte ils ont signé avec nous (F)

Modèle N° 3.

—

Art. 18 du décret
du 28 septembre 1889.

ACTE D'ENGAGEMENT

POUR LA DURÉE DE LA GUERRE.

—

(1) Maire ou adjoint.

L'an mil huit cent   , le   ,
à   heures, s'est présenté devant nous
(1)   de la commune,
d   , chef-lieu de canton du département d

(2) Nom et prénoms.

(A) Si l'engagé a déjà servi, spécifier, d'après sa déclaration (à la suite de l'indication de sa profession), en quelle qualité et dans quel corps.

Le sieur (2)   .
âgé de   , exerçant la profession
d (A)   , domicilié
à   , canton d   ,
département d   , résidant à
canton d   , département
d   , fils d
                et d   ,
domiciliés à   , canton d   ,
département d   , cheveux   ,
sourcils   , front   , yeux   ,
nez   , bouche   , menton   ,

(3) Indiquer ici les marques particulières.

visage (3)   , taille d'un mètre
centimètres.

(4) Nom et prénoms du premier témoin.

Lequel, assisté du sieur (4)   .
âgé de   , exerçant la profession
d   , domicilié à   , canton
d   département d

(5) Nom et prénoms du deuxième témoin.

Et du sieur (5)   , âgé d
exerçant la profession d   , domicilié
à   , canton d   , département
d   , appelés l'un et l'autre comme
témoins, conformément à la loi ;

(6) Indication du corps choisi par l'engagé.

A déclaré vouloir s'engager pour servir dans l (6)

A cet effet, ledit sieur (2)
nous a présenté :

(7) Nom, grade et corps de l'officier signataire du certificat.

1° Un certificat délivré sous la date du
par (7)   et constatant que ledit

8; Désignation du corps

(B) Si ce n'est pas un acte de naissance que l'engagé produit, on énoncera le titre qu'il présentera, conformément à l'article 46 du Code civil.

(9) Indication du jour, du mois et de l'année de la naissance (en toutes lettres).

(10) Indiquer la commune.

(11) Indiquer la subdivision.

(c) Si l'engagé ou les témoins ne peuvent signer, il sera fait mention de la cause qui les empêchera, conformément à l'article 39 du Code civil.

sieur (2) n'est atteint d'aucune infirmité ; qu'il a la taille et les autres qualités requises pour l (8) , dans lequel il demande à entrer ;

2º Son acte de naissance (B) constatant qu'il est né le (9) à , canton d , département d

3º Un extrait de son casier judiciaire ;

4º Un certificat, délivré sous la date du . , par le maire d (10) , et constatant :

Que ledit sieur (2) ne se trouve pes dans l'un des cas d'exclusion de l'armée prévus par l'article 4 de la loi du 15 juillet 1889.

5º Un certificat du commandant du bureau de recrutement de la subdivision d (11) attestant que ledit sieur (2) n'est pas tenu à l'obligation du service de l'armée active, dans la réserve de ladite armée et dans l'armée territoriale ou dans les classes de la réserve de l'armée territoriale rappelées à l'activité.

Nous, Maire du chef-lieu du canton d , après avoir reconnu la régularité des pièces produites par le sieur (2) lui avons donné lecture :

1º Des articles 4, 61 et 62 de la loi du 15 juillet 1889 ;

2º Des articles 4 et 18 du décret du 28 septembre 1889 ;

3º Des articles 14 et 15 du même décret, lesquels ordonnent de poursuivre comme insoumis les engagés volontaires qui ne se rendent pas à leur destination dans les délais prescrits.

Après quoi, nous avons reçu l'engagement du sieur (2) , lequel a promis de servir avec fidélité et honneur.

Lecture faite audit sieur (2) et aux deux témoins ci-dessus dénommés, du présent acte, ils ont signé avec nous (c)

Modèle n° 4.

Art. 20 du décret
du 28 septembre 1889.

ACTE D'ENGAGEMENT

spécial aux jeunes gens reçus, à l'École poly-
technique, à l'École forestière ou à l'École
centrale des arts et manufactures.

L'an   , le   , à   heures s'est
présenté devant nous maire d   , département d

(1) Nom et prénoms. Le sieur (1)   , âgé de   ,
domicilié à   , canton d   , département d   , fils d   et d
domiciliés à   , canton d   , département
d   , cheveux   , sourcils   , front   ,
yeux   , nez   , bouche   , menton   ,
visage   , taille d'un mètre   centimètres.

(2) Nom et prénoms du premier témoin. Lequel, assisté du sieur (2)   , âgé
de   , exerçant la profession d   ,
domicilié à   , canton d   , département d   , et du sieur (3)   , âgé

(3) Nom et prénoms du deuxième témoin. de   , exerçant la profession d
domicilié à   , canton d   , dépar-
tement d   , appelés l'un et l'autre comme
témoins, conformément à la loi.

(4) Infanterie, Artillerie ou Génie. A déclaré vouloir s'engager pour l'arme d   (4)

A cet effet, il nous a présenté :

1° Un certificat délivré sous la date du   ,

(5) Nom et qualité du signataire du certificat. par (5)   attestant que ledit sieur (1)
a été reçu le   , à l'Ecole

2° Un certificat en date du   délivré

(6) Nom, grade et qualité de l'officier signataire du certificat. par (6)   , constatant que ledit
sieur (1)   n'est atteint d'aucune infir-
mité, et qu'il a les qualités requises pour le service
militaire;

3° L'extrait de son casier judiciaire.

Nous, maire d   , après avoir reconnu
la régularité des pièces produites par le sieur (1)
          , lui avons donné lecture :

1° De l'article 28 de la loi du 15 juillet 1889;

2° Des articles 19, 20 et 21 du décret du 28 septembre 1889.

Après quoi nous avons reçu l'engagement du sieur (1)   , lequel a promis de servir avec fidélité et honneur pendant (7)   ans à partir du 1er octobre de l'année courante.

Lecture faite audit sieur (1)   et aux deux témoins ci-dessus dénommés du présent acte, ils ont signé avec nous.

Modèle nº 5.

—

Art. 23 du décret
du 28 septembre 1889.

ACTE D'ENGAGEMENT

*spécial aux jeunes gens nommés élèves de l'Ecole
du service de santé militaire et aux élèves militaires des Ecoles vétérinaires.*

———

L'an   , le   , à   heures, s'est
présenté devant nous, maire d   , département d

(1) Nom et prénoms.

Le sieur (1)   âgé de   ,
domicilié à   , canton d   , département d   , fils d   et d   ,
domiciliés à   , canton d   département
d   , cheveux   , sourcils   , front   ,
yeux   , nez   , bouche   , menton   ,
visage   , taille d'un mètre   centimètres.

(2) Nom et prénoms du premier témoin.

Lequel, assisté du sieur (2)   , âgé
de   , exerçant la profession d
domicilié à   , canton d   , dépar-

(3) Nom et prénoms du deuxième témoin.

tement d   , et du sieur (3)   , âgé
de   , exerçant la profession d
domicilié à   , canton d   , département d   , appelés l'un et l'autre comme
témoins, conformément à la loi.

(4) Infanterie, cavalerie, artillerie ou génie.

A déclaré vouloir s'engager pour l'arme d (4)

A cet effet, il nous a présenté :

1º Un certificat délivré sous la date du   ,

(5) Nom et qualité du signataire du certificat.
(A) Suivant le cas : de *l'Ecole du service de santé militaire,* ou *militaire de l'Ecole vétérinaire d*
(6) Nom, grade et qualité de l'officier signataire du certificat.

par (5)   attestant que ledit sieur (1)
a été admis le   comme élève (A)

2º Un certificat en date du   délivré
par (6)   et constatant que ledit
sieur (1)   n'est atteint d'aucune infirmité et qu'il a les qualités requises pour le service
militaire ;

3º L'extrait de son casier judiciaire.

Nous, maire d   , après avoir reconnu
la régularité des pièces produites par le sieur (1)
lui avons donné lecture :
1º De l'article 29 de la loi du 15 juillet 1889 ;
2º Des articles 22, 23 et 24 du décret du 28 septembre 1889.

Après quoi nous avons reçu l'engagement du sieur (1)   ; lequel a promis de servir avec fidélité et honneur pendant trois ans, dans un corps de troupe de l'arme ci-dessus désignée, dans le cas où il n'obtiendrait pas le grade d (B)
ou si, ayant obtenu ce grade, il ne servait pas dans l'armée active pendant six ans à artir de sa nomination.

Lecture faite audit sieur (1)   et aux témoins ci-dessus dénommés du présent acte, ils ont signé avec nous.

(B) Suivant le cas : *de médecin aide-major de 2e classe* ou *d'aide vétérinaire*

Modèle n° 6.

—

Article 28 du décret
du
28 septembre 1889.

ACTE DE RENGAGEMENT.

L'an mil huit cent   , le
à   heures d   , s'est présenté devant
nous, sous-intendant militaire, résidant à
département d

(1) Nom, prénoms, grade et corps du militaire.

Le sieur (1)
né le   à   , département
d   , fils d
et d   , domiciliés à
canton d   , département d   ,
cheveux   , sourcils   , front   ,
yeux   , nez   , bouche   , menton

(2) Indiquer ici les marques particulières.

     , visage (2)   , taille d'un mètre
centimètres.

(3) Noms, prénoms, profession et résidence des deux témoins.

Lequel, assisté des sieurs (3)
appelés comme témoins conformément à la loi,
nous a déclaré vouloir contracter un rengagement

(4) Désigner le corps au titre duquel est souscrit le rengagement
(A) Indiquer ici les pièces produites par le rengagé, en exécution de l'article 26 du décret.

de   ans, pour servir dans le (4)
Et, à cet effet, nous a présenté (A);

Nous, sous-intendant militaire, après avoir
reconnu la régularité des pièces produites par le
sieur (1)   , nous lui avons donné
lecture :

(B) L'article 64 ne doit être lu qu'aux hommes de la cavalerie rengagés pour un an.

Des articles 63, 64 (B), 66 et 67 de la loi du
15 juillet 1889 ;
Ensuite de quoi, nous avons reçu le rengagement
du sieur (1)
lequel a promis de continuer à servir avec fidélité
et honneur et de rester sous les drapeaux pendant
l'espace de   ans, à compter du
Lecture faite audit sieur (1)

(c) Si le rengagé ou les témoins ne peuvent signer, il sera fait mention de la cause qui les en empêchera, conformément à l'article 39 du Code civil.

et aux deux témoins ci-dessus dénommés, du présent acte, ils ont signé avec nous (c)

(Ce certificat n'est valable que pour 48 heures).

MODÈLE N° 7.

Article 5 du décret
du
28 septembre 1889.

CERTIFICAT D'APTITUDE

DÉLIVRÉ PAR L'AUTORITÉ MILITAIRE

au sieur   qui a déclaré vouloir servir comme
engagé volontaire.

(1) Indication du nom, du grade, du corps et de l'arme de l'officier signataire du certificat.
(2) Indiquer ici le nom et le grade du médecin militaire qui a visité l'engagé.
(3) Nom et prénoms de l'engagé.

Nous soussigné (1)
certifions que nous avons fait visiter en notre présence par M. (2)

Le sieur (3)   né le
à   , canton d   ,
                    , département d
et résidant à   , canton d
département d   , fils d (4)

(4) Prénoms du père.

(5) Nom et prénoms de la mère.

et d (5)   , domiciliés à
canton d   , département d
taille d'un mètre   centimètres, cheveux   ,
sourcils   , yeux   , nez   , bouche
        , menton   , visage   (6)
et qu'il résulte de cette visite que le sieur (3)
n'est atteint d'aucune infirmité ; qu'il est sain,
robuste et bien constitué.

(6) Indiquer ici les marques particulières.

En conséquence, et après avoir reconnu par nous-même qu'il réunit la taille et les autres qualités requises pour le (7)

(7) Désignation du corps choisi par l'engagé.

Nous déclarons que l'acte d'engagement qu'il demande à contracter pour servir dans le (7) peut être reçu.

En foi de quoi, nous lui avons délivré le présent certificat, signé de nous et de M. (2)

(8) Signature de l'engagé
(9) Signature du docteur
(10) Signature de l'officier qui a établi le certificat.

Fait à   , le   18   .
(8)
(9)   (10)

DÉPARTEMENT

—

CANTON

d

—

COMMUNE

d

Dans le cas où le maire de la commune ne connaîtrait pas l'individu qui ferait la demande de ce certificat, il devra en constater légalement l'identité et recueillir les preuves et témoignages qu'il jugera convenables pour arriver à la connaissance de la vérité.

(1) Nom et prénoms de l'homme qui se présente.

(2) Indiquer ici les marques particulières.

(3) Mettre la date et le millésime en toutes lettres

(A) Si l'engagé ne peut être reçu que pour les bataillons d'Afrique, les attestations 2° et 3° sont remplacées par le libellé ci-après :
« Qu'il ne se trouve pas dans l'un des cas d'exclusion de l'armée prévus par l'article 4 de la loi du 15 juillet 1889 ».

Modèle N° 8.

—

Art. 6 du décret
du 28 septembre 1889.

CERTIFICAT

délivré conformément à l'article 59 de la loi du 15 juillet 1889, au sieur (1)   , *qui a déclaré vouloir servir comme engagé volontaire.*

———

Nous, soussigné, maire de la commune d
canton d   , département d
Attestons :
1° Que le sieur (1)
fils d   et d   domiciliés
à   , canton d   , département
d   , né le   , à
canton d   département d   ,
(*ainsi qu'il résulte de son acte de naissance dûment légalisé*), cheveux   , sourcils   , yeux   ,
front   , nez   , bouche   ,
menton   , visage   ; teint   (2)
taille d'un mètre   centimètres
est (*ou a été*) domicilié dans la commune d
depuis le (3)   mil huit cent
jusqu'au (3)   mil huit cent
(A)
2° Qu'il jouit de ses droits civils :
3° Qu'il n'a jamais été condamné pour vol, escroquerie, abus de confiance ou attentat aux mœurs et qu'il n'a subi aucune des peines prévues par l'article 5 de la loi du 15 juillet 1889.
En foi de quoi, nous lui avons délivré le présent certificat.

Fait à   , le   18   .

(*Signature du Maire.*)

Vu pour légalisation :

Le Préfet du département d

Nota. Si l'engagement est contracté dans le département où l'engagé volontaire est domicilié, la légalisation de la signature du maire n'est point indispensable.

Modèle nº 9.

Art. 20 du décret
du 28 septembre 1889.

CERTIFICAT D'ADMISSION

A L'ÉCOLE (1)

(1) *Polytechnique, forestière ou centrale des arts et manufactures.*

(2) Nom, grade et qualité du signataire du certificat.
(3) Nom et prénoms.
(4) Jour, mois et année.

Nous soussigné (2)   , certifions
que le sieur (3)   , né le (4)   ,
à   , canton d   , département
d   , fils d   et d   ,
domiciliés à   , canton d   département
d   , a été admis sous le numéro   ,
à l'École (1)   , le (4)

Fait à   , le   18   .

Modèle n° 10.

Art. 23 du décret
du **28** septembre 1889.

CERTIFICAT D'ADMISSION

(1) Du *service de santé militaire* ou à l'*Ecole vétérinaire d*

A L'ÉCOLE (1)

(2) Nom et qualité du signataire du certificat.
(3) Nom et prénoms.
(4) Jour, mois et année.

Nous soussigné (2)   , certifions
que le sieur (3)   , né le (4)
à   , canton d   , département
d   , fils d   et d   ,
domiciliés à   , canton d   , département
d   , a été admis (5)
le (4)

(5) Suivant le cas.
A l'*école du service de santé militaire avec......* *inscriptions, ou sous le n°* *comme élève militaire à l'école vétérinaire.*

Fait à   , le   18